Duisternis boven Ivoorkust:

Laurent Gbagbo's Case als Les voor de rest van Afrika

Janvier Tchouteu

TISI BOOKS

NEW YORK, RALEIGH, LONDRA, AMSTERDAM

UITGEGEVEN DOOR TISI BOOKS
www.tisibooks.com

Non-fictie titels van Janvier T. Chando

ICONEN EN SCHURKEN: Recente Politieke Moorden die…
GEVALLEN HELDEN: Afrikaanse Leiders Wiens Moorden het…
OEKRAÏNE: De Touwtrekwedstrijd tussen Rusland en het Westen
KAMEROEN: De Achtervolgd Hart van Afrika

Fictie Titels van Janvier Chando

De Usurpator: en Andere Verhalen
Driedubbele Agent, Dubbel Kruis
Discipelen van Fortuin
De Union Muzhik
Het Meisje op de Spoor
Flits van de Zon
Fortuin Roept
Meester van Fortuin
Kinderen van Fortuin
De Norilsk Beren
Mij Vóór Hen
De Grootmoeders en Perfecte Liefde
De Vuur en Ijs Legende
De liefste Waanzin
Het Honger Vuur
De Tinten van Vuur
Vader en Zonen
De Dokter
Donkere Tinten
De Noodlottige Relaties
Het Vonnis van Hades
De rechtszaak van Zijne Majesteit
Ngoko's Dwaasheid
De Usurpator
De Bruidsschat
Ik ben Gehaat
Het Pummel

Aankomende Titels door Janvier Chando

De Witte Valk
De Norilsk Beren
De Thuis Zwervers
De Sterfelijke Vrienden

Dankbetuigingen

Met dank aan de Kameroense Diaspora wiens moeilijke situatie als inspiratiebron heeft gediend voor deze uitdrukking van wat ons geliefde Kameroen te wachten staat.

Toewijding

Dit verslag is gewijd aan de liefdevolle herinnering aan Dr. Samuel F. Tchwenko, en aan onze vaders die patriottisch waren in hun woorden en daden, en die hun landgenoten omarmden zonder vooroordelen te hebben.

Duisternis boven Ivoorkust:

Laurent Gbagbo's Case als Les voor de rest van Afrika

Inhoud

Kaarten

Ivoorkust op een kaart van de wereld

Kaart van Ivoorkust (Ivoorkust) in Afrika

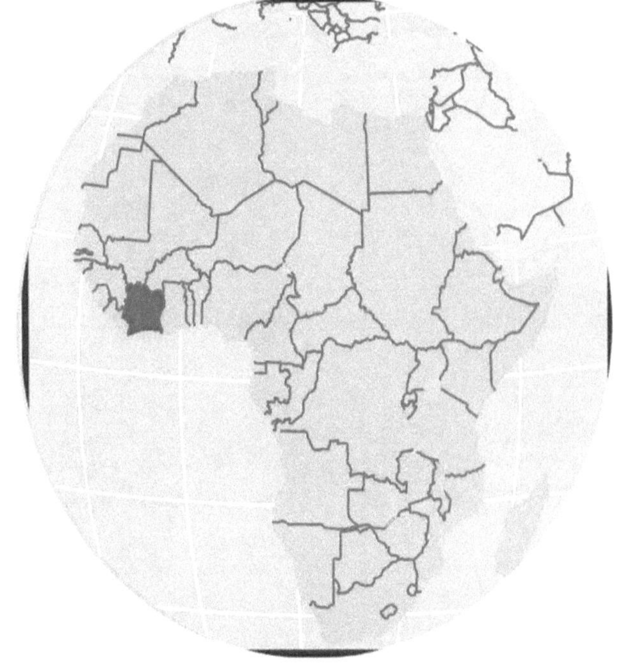

Partitie Kaart van Afrika

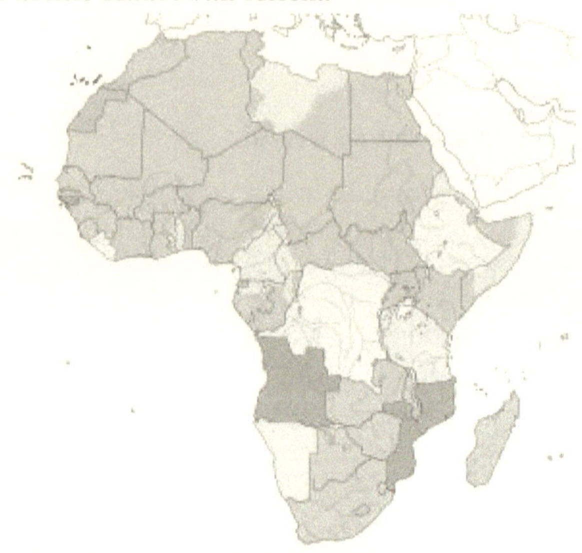

Atual Mapa da África com as Antigas Fronteiras Coloniais

▢ Belgisch		▢ Italiaans	
▢ Brits		▢ Portugees	
▢ Frans		▢ Spaans	
▢ Duits		▢ Onafhankelijke landen	

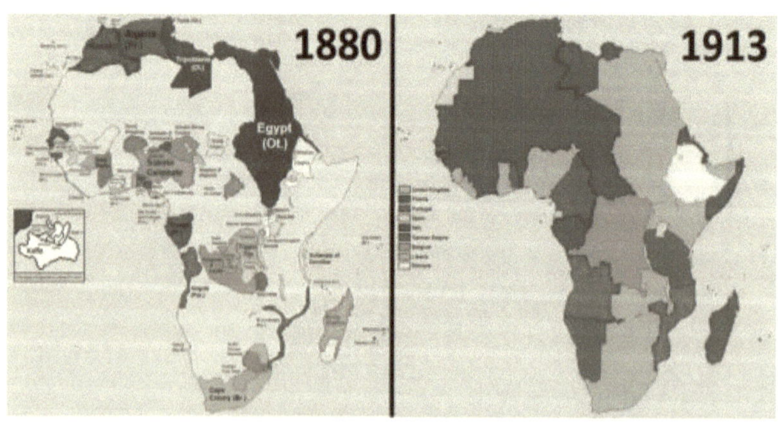

Politieke Kaart van Afrika

Democratie-index: Afrika en de Wereld

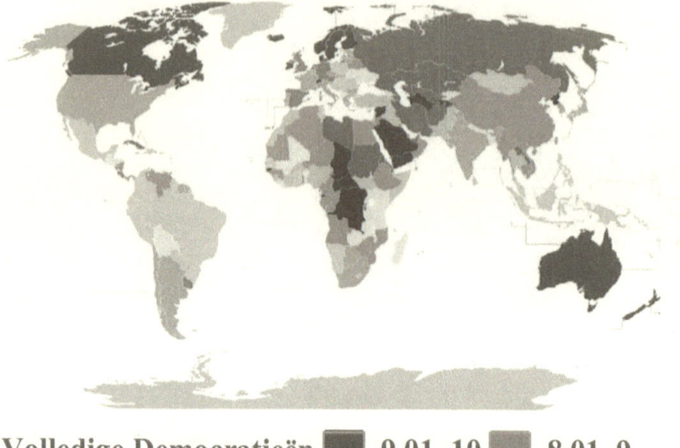

Citaten

"Ik zal nooit het moment vergeten waarop ik voor het eerst de tragedie van kolonisatie voelde en begreep. [. ..] Sinds die dag kan ik geen Indochinezen, een Algerijn, een Marokkaan ontmoeten zonder te willen om vergeving te vragen. Vergeef alle pijnen, alle vernederingen die zijn gemaakt om te lijden, dat we hun mensen hebben laten lijden. Omdat hun onderdrukker de Franse staat is, doet dat het in naam van alle Fransen, dus ook voor een klein deel in mijn naam. Daarom kan ik, in aanwezigheid van degenen die de Franse staat onderdrukt, niet anders dan blozen, maar het gevoel hebben dat ik fouten heb om mezelf van te verlossen."

- Simone Weil

"Tussen kolonisator en gekoloniseerd is er alleen ruimte voor karwei, intimidatie, druk, politie, roof, verkrachting, verplichte culturen, minachting, wantrouwen, arrogantie, toereikendheid, Fluiten, vervallen elites, gedegradeerde massa's. Geen menselijk contact, maar relaties van overheersing en onderwerping die de koloniserende mens transformeren in een pion, adjudant, babysitter, chicote; en de inheemse mens in een productie-instrument. Het is mijn beurt om een vergelijking te vragen: kolonisatie = verandering."

- Aimé Césaire

"Neokolonialisme is niets anders dan een langzame en progressieve vernietiging van de emancipatie van volkeren."

-Souleymane Boel

Introductie

Veel experts zijn van mening dat Ivoorkust het enige land in Afrika is waar een netjes blauwdrukkenschema van franse neokoloniale controle over Afrika het meest effectief werd gebruikt, en dat het erg moeilijk is om de ondoordringbare aard van FrancAfrique in die West-Afrikaanse provincie te missen. De schijnbaar negatieve connotaties van die standpunten laten een buitenstaander zich afvragen of er niet iets gunstigs is voor het land in dat aspect van het Franse neokolonialisme. Abidjan, de grootste stad en voormalige hoofdstad, onderscheidt zich immers als een moderne metropool in een continent dat achterblijft bij de anderen; uiteindelijk is het land relatief welbedeeld ten opzichte van zijn buren; en dertig jaar na de onafhankelijkheid ondervond deze West-Afrikaanse natie geen politieke instabiliteit.

Ivoorkust ervoer drie decennia lang geen politieke instabiliteit vanwege zijn eerste president Félix Houphouet-Boigny die voor en na de onafhankelijkheid in 1961 zichzelf en zijn land tot ondergeschikte partner van Frankrijk maakte, Ivoriaanse nationalisten met anti-Franse of patriottische opvattinge, denk het.

Veel aanhangers van Félix Houphouet-Boigny zijn van mening dat hij een pragmaticus was. Hij wist dat Ivoorkust niet zonder Frankrijk kon, en roerde zijn land zo naar een partnerschap met Frankrijk dat leidde tot ontwikkeling en welvaart, in tegenstelling tot zijn Guinese tegenhanger Sekou Touré die alle banden met Frankrijk verbrak, houden deze aanhangers zijn overtuigd.

Als dat het geval was, hoe komt het dan dat Laurent Gbagbo, de Ivoriaanse burgernationalist en pan-Afrikaan die nooit zijn afkeer van frans-neokolonialisme verborg, aan de macht kwam na de ondergang van de Ivoriaanse legende? En hoe komt het dat er Franse militaire interventie nodig was om Laurent Gbagbo uit de macht te halen?

Dit beknopte verslag is bedoeld om meer licht te werpen op de Ivoriaanse quagmire, een impasse die de ambivalentie van de Franse invloed in het land, Franstalig Afrika en de rest van het Afrikaanse continent weerspiegelt.

Hoofdstuk Een

Van links naar rechts: Laurent Gbagbo et Alassane Ouattara

Vaak is de meest gecompliceerde vrede beter dan de eenvoudigste oorlog. Zowel Laurent Gbagbo als Alassane Ouattara zijn verliezers, en beiden leidden het Ivoriaanse volk naar een verliezend pad. Ik heb medelijden met hen beiden omdat ik denk dat er een kern van goedheid in hun ziel is als het gaat om hun verlangens en hun algehele toewijding aan het welzijn van Ivoorkust.

Er zijn tal van lessen te leren van de tien jaar oude Ivoriaanse quagmire die uiteindelijk leidde tot de vernedering van een naïeve Gbagbo en de kreupele opklimming naar de macht van Ouattara; een daarvan is dat de arena van Afrikaanse machtsspel of politiek een slagveld is van oude Griekse klassieke proporties, zoals "De Ilias", waar de krijgers gloeien in hun bravoure, onbewust van de externe invloeden van de grotere machten (de goden) in hun overwinningen, nederlagen, overleving of ontsnappingen. De jaren '90 generatie van de Kameroense Studentenbeweging genaamd "Parlement", vooral die van de latere jaren, lijden diep onder dat onbegrip, wat onder andere de reden is waarom het anachronistische Frans opgelegde systeem in Kameroen overleeft. Het is ook de reden waarom de afwezige Paul Biya, de Franse marionet die al achtendertig jaar als president van Kameroen rondgaat, gemakkelijk maskerades van nepverkiezingen doet die zijn westerse marionettenmeesters valideren door de valse resultaten van deze verkiezingen te erkennen.

Uit het debacle tussen Gbagbo en Ouattara blijkt duidelijk dat de bron van de kloof tussen de twee afkomstig is van het door Frankrijk opgelegde systeem en hun mate van acceptatie of trouw aan dit systeem dat de belangen van Frankrijk in het land beschermt, zelfs boven dat van Ivoorkust. Dit door Frankrijk opgelegde systeem maakt Ouattara een welwillende huurling die toezicht houdt op het beheer van Ivoorkust en werpt Gbagbo af als iemand die aanvankelijk werd gedwongen, maar erin slaagde zijn minderwaardigheidscomplex te overwinnen om een recalcitrante afvallige te worden. Of beter gezegd, Ouattara komt over als een veredelde comprador en Gbagbo als een vlam die niet kan worden gedoofd door zijn vijanden, een brandmerk waarvan de victimisatie de onderkant van zijn daders des te meer blootlegt.

Hoofdstuk Twee

De schadelijke betrokkenheid van Frankrijk bij de Afrikaanse lokale politiek, vooral nadat het deze landen in burgerlijke conflicten heeft geduwd, is straffeloos gedaan. Die betrokkenheid wordt meestal vermomd als Franse inspanningen om levens te redden in gebieden die ze in het verleden controleerden en zorgden voor vrede en welvaart tijdens hun koloniale heerschappij. In een notendop zagen Frankrijk en de kibbelende opvolgers van Félix Houphouet-Boigny (Henri Konan Bédié, Alassane Ouattara en generaal Gei enz.) de verkiezingsoverwinning van Gbagbo in 2000 als een onaanvaardbare fout van hun kant die correctie nodig had. De ontwikkelingen in het land daarna, direct of indirect, vloeiden voort uit die opvatting.

Landen als Kameroen zullen nooit vrij zijn, tenzij Frankrijk de fout van zijn wegen op de een of andere manier accepteert. En sommige Afrikanen helpen het groeiproces niet, de procedures waarbij Frankrijk zich uit zijn beknelling haalt ten opzichte van zijn scheve relatie met zijn voormalige kolonies en gebieden in Afrika. Hoewel Frankrijk internationaal wordt gezien, vooral onder de gemeenschap van geavanceerde naties als een gezagsgetrouwe, beschaafde en progressieve natie, heeft het zich in zijn betrekkingen met deze Franstalige naties op een maffia-achtige manier voortgezet of als een ontmenselijkte maffia don die clandestien opereert en straffeloos handelt.

Kortom, het gedrag van Frankrijk in deze Afrikaanse landen is als dat van iemand die zich geen zorgen maakt over het welzijn van het Afrikaanse volk. In feite is het moeilijk om te argumenteren tegen sommige experts die geloven dat het ronduit racistisch is en dat het zich voedt met de geest van bigots die de verdraaide kijk op de kinderachtige onschuld of onwetendheid van de Afrikaan hebben. Dit zijn mensen die genieten van de waanvoorstellingen van Afrikanen als een volk dat niet in staat is om iets goeds te bedenken.

Het zou moeilijk zijn om iemand te vinden met een sterk genoeg argument dat het geen goed idee is om het politieke en economische systeem dat Frankrijk in de jaren zestig in zijn voormalige koloniën in Afrika heeft geïmplanteerd te ontmantelen voordat het hen onafhankelijkheid verleent om politieke instellingen te koesteren in die nieuwe Afrikaanse landen die de Franse belangen meer beschermen dan de belangen van deze nieuwe natiestaten. Zo'n proces van het omverwerpen van het anachronistische systeem in de verschillende Afrikaanse landen, dat in zijn totaliteit FrancAfrique vormt, is een proces dat alleen kan worden bereikt door echte burger-nationalisten met de revolutionaire drive, pan-Afrikanistische visie en een diepe liefde voor hun mensen. Dat is de reden waarom voorstanders van het Nieuwe Afrika moeten worden beschuldigd wanneer ze blindelings uitkomen tegen die Afrikanen die op hun amateuristische en kortzichtige manieren de confrontatie aangaan met de volledige machinerie van de samenzweerderige machten (of goddelijke machten als ze analoog zijn aan de oude Griekse mythologie) dat ondermijnen het welzijn van Afrika en Afrikanen.

Ik zal niet diep ingaan op dit Ivoriaanse probleem. We zullen het opnieuw onder ogen zien in Kameroen; en de rest van Centraal-Afrika zal de komende jaren worden gegrepen door soortgelijke misleiding. Maar één ding is zeker: dit Franse patroon is al bijna een eeuw is toegepast in Afrika, en daarom zien degenen in het Franse politieke establishment die de politieke en economische controle over Afrika leiden en beheren, met name het controlesysteem van Franstalig Afrika (FrancAfrique) als een succesvol sjabloon en een winnende strategie die niet hoeft te worden gewijzigd.

Hoofdstuk Drie

Het De taak van de voorstanders van verandering van de generaties na de onafhankelijkheid is om de controlemethoden te bestuderen die worden gebruikt door buitenlandse mogendheden die Afrikanen onder voortdurende hulpeloosheid en chaos houden tot het punt waarop de organisatoren van de chaos er uiteindelijk uitzien als de redders. Afrikanen moeten hun geschiedenis begrijpen, de hefbomen van de macht beheersen en weten dat hun redding alleen berust op het feit dat ze bij elkaar blijven en elkaar aanvaarden als onmisbare bijdragers aan een toekomstig, welvarend en vrij land en continent.

Ik zeg het met droefheid, want twee dagen geleden sprak ik met ex-Zairois die Patrice Lumumba vandaag de schuld gaf van de betreurenswaardige staat van de Democratische Republiek Congo, hem ervan beschuldigend Congo naar de onafhankelijkheid te brengen toen ze er niet klaar voor waren, van het aan de macht brengen van Mobuto, en omdat hij zijn visie niet met de andere politici heeft gedeeld. Het is alsof je Jezus Christus de schuld geeft van zijn verraad door Judas. En Congo, het zieke hart van Afrika, zal voor eeuwig in onbegrip verstrikt raken als het zich niet verzoent met de verlammende geschiedenis die de jonge natie is aangedaan door de machten die de verdrijving en dood van Patrice Lumumba hebben beraamd.

In een drievoudig discours met een Nederlandse professor in Amsterdam in 2003 betoogde een landgenoot krachtig dat er nooit een oorlog in Kameroen is geweest, dat er geen bloedbaden zijn gepleegd door Franse en Ahidjo-troepen, dat Biya een groot leider is en dat Kameroen het geweldig, en daarom is het beter af dan de meeste Afrikaanse landen. Een Narrenparadies noemde ik het. Of was hij toen gegrepen door het Potemkin syndroom? Pas toen de jongeman daarna *"Triple Agent, Double Cross"* las, pas nadat hij zijn nieuwsgierigheid had gewekt en pas nadat hij zelf wat onderzoek had gedaan, klaagde hij over de mate van hersenspoeling waaraan hij en de meeste Kameroeners waren onderworpen. Hij leed nog steeds onder de gevolgen van de hersenspoeling die hij in Kameroen onderging, zelfs toen hij studeerde en leefde in het meest liberale land van Europa.

Afrikanen moeten zichzelf bevrijden van de mentale slavernij die het grootste deel van Afrika in onbegrip en een gebrek aan richtinggevoel heeft gevangen. De gelukkigen, vooral die in de diaspora, zouden de emancipatie-inspanning moeten leiden.

April 13, 2011   *Janvier Tchouteu*

www.ingramcontent.com/pod-product-compliance
Lightning Source LLC
Chambersburg PA
CDIIW051230250726
48656CB00003B/1021